P. A. HAMY

Jacques Camus de Pontcarré

ÉVÊQUE DE SÉES

Dans ses rapports avec les Jésuites

D'ALENÇON

FINANCES DU COLLÈGE

ALENÇON
TYPOGRAPHIE & LITHOGRAPHIE A. HERPIN
9, RUE DU CYGNE, 9
1898

P. A. HAMY

Jacques Camus de Pontcarré

ÉVÊQUE DE SÉES

Dans ses rapports avec les Jésuites

D'ALENÇON

FINANCES DU COLLÈGE

ALENÇON

TYPOGRAPHIE & LITHOGRAPHIE A. HERPIN

9, RUE DU CYGNE, 9

1898

Jacques Camus de Pontcarré

Evêque de Sées

Dans ses rapports avec les Jésuites d'Alençon

FINANCES DU COLLÈGE (1)

L'objet de la présente publication est de signaler les informations contenues dans plusieurs documents, dont l'exactitude et l'authenticité ne sauraient être mises en question. Après deux lettres autographes et confidentielles de l'évêque de Sées, et une autre du nonce Orsini, traduite sur l'original, viendront des extraits du registre des recettes et des dépenses du collège, de 1625 à 1729, manuscrit très important des archives de l'Orne, où l'on trouve des renseignements détaillés sur les ressources et sur la manière de vivre des Pères de la Compagnie de Jésus au dix-septième et au dix-huitième siècle. C'est une bonne fortune, puisque ce genre de recherches n'a encore été entrepris par personne, sauf par le célèbre président Roland d'Erceville, Charles de la Tour et M. de l'Averdy, dans leurs Comptes rendus au Parlement de Paris, toutes chambres assemblées, après la proscription des Jésuites, en vertu des édits de Louis XV (1762). Or, leurs chiffres ne sont pas exacts, comme il est facile de le constater. Ils attribuent aux diverses maisons des revenus bruts (dont leurs anciens possesseurs n'ont jamais joui), par suite de l'élévation de divers loyers et fermages, après 1762. D'autre part, ils diminuent un certain nombre de charges et, par suite, le revenu net se trouve majoré d'une manière notable. Les comptes réels permettront, à l'avenir, de savoir exactement à quoi il faut s'en tenir.

Les données contenues dans les cahiers du Collège d'Alençon feront foi ; les comptes annuels y sont rendus par le procureur (économe) et le recteur et signées par le provincial, à l'époque de sa visite. C'est bien là un document de premier ordre, et il convient d'ajouter que l'on trouve rarement dans les archives publiques, des informations aussi précises, aussi sûres, aussi détaillées et s'étendant

(1) Le présent article n'est qu'un fragment d'un travail beaucoup plus étendu relatif au Collège d'Alençon, dont le P. Hamy a bien voulu donner la primeur à la *Revue normande et percheronne*. L. D.

à une aussi longue période, en ce qui concerne les Jésuites. Par conséquent, la reproduction de tous ces états de situation financière, *dans ce qu'ils ont d'essentiel et de plus intéressant*, est digne d'un public disposé à s'instruire sur une matière fort peu connue des écrivains. En fait, elle n'a jamais été traitée que par des pamphlétaires, dont l'ignorance égale la mauvaise foi. N'est-il pas temps de fournir les éléments d'une étude plus sérieuse?

Il sera aussi assez intéressant de connaître, dans la mesure du possible, les noms d'un certain nombre de religieux qui ont vécu au collège d'Alençon, la liste des Provinciaux qui l'ont visité, celle des Recteurs qui l'ont gouverné, l'état de la maison pendant les années 1625, 1640, 1660, 1680, 1688, 1701, 1709, 1722, 1727, 1746, et de 1752 à 1762, (en tout vingt ans), seront reproduits à la fin du présent travail.

I

La première partie se rapporte aux difficultés suscitées par les dispositions peu favorables de l'évêque de Sées envers les réguliers.

Jacques Camus de Pontcarré, qui occupait alors le siège épiscopal de Sées, n'a été ni le fondateur ni le promoteur du collège d'Alençon. Cette gloire appartient à une fervente chrétienne, Marthe Durand, femme du président au Présidial (1), et ce prélat ne semble pas avoir mis le moindre empressement à seconder les vues de cette pieuse dame. Pour lui, tout pénétré du sentiment de la dignité épiscopale et de ses droits, les réguliers, les moines, comme il les appelait avec dédain, loin d'être des auxiliaires du clergé, comme ils le sont dans la pensée des papes et l'opinion de l'Eglise universelle, étaient des ennemis à combattre, à terrasser et, s'il se pouvait, à proscrire. Leur indépendance doctrinale et leur dévouement aux intérêts du Saint-Siège ne permettaient pas à un homme, tout imbu des idées parlementaires, au sujet des privilèges de l'Eglise gallicane, d'accorder aux religieux l'appui de sa protection ni surtout la faveur de sa bienveillance. D'après sa première lettre à Pierre Dupuy, la crainte seule

(1) Marthe Durand avait épousé Nicolas Le Bouyer, sieur de Saint-Gervais, président au siège Présidial d'Alençon, bisaïeul de Bernard Le Bouyer de Fontenelle, de l'Académie française et secrétaire perpétuel de l'Académie des sciences. Une de ses filles, Marie Le Bouyer, fut mariée en 1613 à René de Jupilles, écuyer, sieur de Moulins-le-Carbonnel et Jupilles, capitaine de cent hommes d'armes au régiment de Normandie. Une autre paraît avoir épousé Pierre Cardel, car ce dernier, agissant en son nom personnel et au nom des autres héritiers de Nicolas Le Bouyer, décédé, ratifia, le 26 octobre 1624, la cession faite précédemment aux Pères Jésuites d'Alençon et aux habitants de cette ville, de sa maison située rue du Château, pour l'établissement du collège.

Il m'a paru utile de mettre en lumière la part prise à la fondation du collège d'Alençon par les ancêtres directs de Fontenelle (Archives de l'Orne, série D 1. — Série E. Titres de Jupilles. — *Analyse de divers actes du tabellionnage d'Alençon* par M. de Courtilloles, dans le *Bulletin de la Société historique et archéologique de l'Orne*, t. VII. p. 265, 266).

Sur la famille Fontenelle, voir *Revue normande et percheronne*, 4e année, 1883, p. 339-342. L. D.

de passer aux yeux du peuple pour un suppôt de l'hérésie put le déterminer à agréer l'établissement d'un collège de Jésuites à Alençon « [le peuple] me donneroit le blasme de la continuation de l'hérésie ». Sans doute, s'il avait eu le choix, le cardinal de Bérulle, un de ses correspondants et de ses amis de cœur, et l'Oratoire auraient eu la préférence du prélat.

Depuis 1619, Marthe Durand avait fait des démarches pour obtenir des Pères de la Compagnie de Jésus. A sa demande, Marie de Médicis, reine-mère et régente, par lettres patentes du 12 mars 1620, confirmées par celles de Louis XIII du 15 mai de la même année, avait accordé les autorisations nécessaires. L'année suivante, une mission fut donnée dans la ville par les Jésuites avec un tel succès que les habitants, encouragés par les bonnes dispositions de la Cour, multiplièrent leurs instances et leurs démarches, et obtinrent l'ouverture d'un collège. L'évêque de Sées donna son consentement, le 20 avril 1623, et le maréchal de Matignon, pour lors lieutenant-général, accorda le sien, le 21 mai suivant.

Bien que Marthe Durand soit nommée comme fondatrice par le P. Prat, d'après les archives de la Compagnie de Jésus qu'il a compulsées à Rome, ce fut la ville qui fit presque tous les frais nécessaires à l'établissement. D'après la règle générale établie par le P. Claude Aquaviva, cinquième général de l'ordre, aucune fondation ne peut être acceptée, s'il n'est constitué pour les cinq régents de grammaire, une rente perpétuelle, incessible et inaliénable de 2.500 livres, somme modique, si l'on considère le personnel beaucoup plus nombreux, chargé de l'administration de chaque maison. En fait, douze ou quinze religieux et trois domestiques devaient vivre de ce revenu. Cependant, les classes s'ouvrirent, le 1er octobre 1623, avant que les autorités municipales eussent voté la somme suffisante. Le 18 juin, il y eut un accord, dont lecture publique fut faite, le 18 juillet pour assurer une rente de 1.400 livres. Le 17 août, les lettres-patentes de la Reine et du Roi furent dûment enregistrées et sentence rendue. Bientôt après, les 600 autres livres exigées pour parfaire le traitement de quatre régents furent prises sur le revenu des tailles. Mais il convient de dire que pendant près de quarante-cinq ans, les Huguenots en retirèrent 250 livres, jusqu'au 17 janvier 1668. Pour le régent de réthorique, accordé en 1627, la municipalité vota une rente de 350 livres et ainsi, le revenu de cinq régents ne fut que de 2.100 au lieu de 2.500 (1). En vue de dédommager le collège, les habitants consentirent à lui céder le revenu de 700 livres 13 sols, qu'ils prenaient chaque année sur les entrées de vins à Rouen. De leur côté, les Jésuites s'engagèrent à créer une chaire de philosophie. Le 8 mai 1651, Louis XIV, confirma cette nouvelle adjonction. Toutefois, si depuis le 17 janvier 1668, le collège avait reçu nominalement 3.050 livres pour six régents (dont celui de philosophie), en

(1) Le 15 juin 1637, Marie de Médicis, en qualité de duchesse d'Alençon, fit don du petit parc qui finit par être affermé pour 400 livres.

avril 1684, le revenu se trouva diminué de 300 livres et abaissé à 2.750 livres. A cette date, le Roi supprima le droit précité de 700 livres et le remplaça par une rente annuelle de 400 livres à prendre sur les tailles de la généralité.

En 1702, une chaire de théologie fut ajoutée aux six autres, par le fait de l'union de la chapelle de Saint-Joseph, située dans le Petit-Parc. La terre de Goupilly, qui en dépendait, se louait 600 livres par an. Elle était située dans la paroisse de Ménil-Erreux, canton du Mesle-sur-Sarthe (Orne). Par suite, la ville n'eut pas de nouveaux sacrifices à faire et le collège vit son revenu de fondation élevé à 3.350 livres pour sept régents, au lieu des 3.500 exigibles, en vertu des règlements tracés par l'ordre.

Malheureusement, le registre des recettes et des dépenses ne contient pas l'indication du revenu, avant l'année 1668. D'ailleurs, tant de causes diverses influaient sur le revenu qu'il serait impossible de noter exactement la marche de toutes ses fluctuations.

On verra plus loin, dans l'examen des comptes, que le revenu net moyen ne s'élève pas à plus de 3.742 livres, sur lesquelles 3.350 livres proviennent de la libéralité municipale, la différence étant le produit de l'économie et de la charité, ou plutôt de cette dernière, le revenu net étant toujours resté inférieur aux nécessités d'une dépense fort modeste.

Cela dit pour préciser la situation matérielle faite au Collège par les habitants, il convient de voir comment l'évêque de Sées parle dans une confidence intime, de ses dispositions morales envers ceux qu'il allait agréer, malgré lui, le 20 avril 1623.

Voici la lettre de Camus de Pontcarré à Pierre Dupuy, conseiller du Roy en ses conseils, garde de sa bibliothèque, auteur du fameux *Traité des droits et des libertés de l'Eglise gallicane*. Bibliothèque nationale, Paris (Fonds Dupuy, 779, F. 107), 12 avril 1622.

Monsieur,

Je prens l'occasion de ce porteur, l'un de nos bourgeois, pour nous entretenir sur votre dernière, de laquelle je vous réitère mes remerciements, qui ne peuvent égaler l'obligeance que je vous ay d'un soing si particulier. Je vous avois toujours bien dict l'humeur de ce bon homme de la montagne. J'ai recognu, il y a long temps, en Monsieur l'Archevesque de Lyon, une grande aversion des moines et j'ay tousjours bien pensé qu'il ne leur laisseroit rien passer. Je croy, qu'il a parlé auprès du Pape et qu'ayant conféré avec le cardinal Borromée, en passant à Milan, il a prié Sa Sainteté de faire ces bulles.

Tousjours est-ce quelque chose que de r'avoir son bien, de quelque façon que l'on le retire et dit-on bien souvent, grand mercy, s'il nous revient d'une main puissante de laquelle nous eussions eu de la peine de le reprendre. Le Pape ne donne que ce que le Concile nous rendoit, mais n'ayant pas été observé, au contraire, les Papes suyvants ayans fait des declarations, en faveur des moines, nous estions sous leur joug. Que direz-vous sur ce sujet, quand je vous annonceray l'establissement des Jésuites à Alençon ? C'est recevoir les moines, quand personne n'en veult plus. Mais que fairoit-on à un peuple divisé en religion, s'il y en a un en France, et qui croit se fortiffier par ce moyen. Ces jours cy, les habitants en corps, me sont venus trouver, m'ont apporté le brevet et les lettres du Roy, celles de la Royne mère et m'ont présenté requeste pour aggréer cet establissement, auquel ils m'ont tesmoigné ne vouloir songer en aucune façon, si je ne le trouvois bon : que les Jésuites ne vouloient les entendre sans sçavoir mon désir. Vous pouvez penser si j'ay eu du combat en moy mesme ; je vous diray quelques raisons qui m'y peuvent induire ; car celles qui sont au contraire, vous les sçavez toutes et elles sont palpables. Mon diocèse est assez grand et de trente lieues de long. Je n'ay pas un seul collège. Aussi tous mes prestres ont tousjours esté ignorants, n'ayans pas de commodité proche d'estudier et n'ayans pas assez de bien pour aller aux villes des universités ou des collèges ; pour le moins, nos chanoines à l'avenir seroient encores plus ignorants, les anciens ayans eu plus de soing de se cultiver que ceux-cy qui viennent, qui ne bougent de ce lieu dans la desbauche (1) ; je sçay bien qu'il n'est pas tousjours expedient qu'ils soyent bien sçavants. Mais aussi la conversation d'un ignorant est bien fascheuse et son proceder tousjours injuste. Dans Alençon, je n'ay que des Capucins qui, pour le plus souvent, n'ont qu'un predicateur ; et comme nous vivons maintenant, ainsi les esprits sont céans difficiles ; si toute une année il n'y a qu'un prédicateur, j'ay tout le peuple sur les bras qui crie apprès moy davantage ; on est bien aise quelquesfois en des affaires graves et de consequence d'avoir du conseil. Je suis icy si seul qu'en des occasions qui se sont presentées, si je ne me suis pas souvenu de ce que l'on me demandoit, ou si je ne l'ay pas sceu, comme il peut arriver souvent, il a falu que je l'aye trouvé en fin avec peine dans mon esprit, ou que je l'ay veu sur mes livres. Vous ne sçauriez croire la peine en laquelle je suis pour plusieurs affaires qu'il me faut resoudre tout seul, n'ayant aucun soulagement de personne. Aussi, la résidence m'a-t-elle servy à m'instruire de beaucoup de choses et par l'étude et par l'exercice de ma charge, mesme en ce qui est de l'officialité et de la pure chicane, de laquelle il a falu que j'aye pris quelquefois cognoissance, tant on me faisoit de plainctes, et sur les abbus que j'y voyois en commettre de moy mesme. Je vous descouvre toutes mes petites nécessités desquelles je prens consolation en les vous dedvisant, mais qui ne seroient pas pourtant tout à fait assez fortes pour desirer cest establissement, si je n'y voyois ce peuple porté de telle façon que s'il estoit empesché par moy, il me donneroit

(1) Le jugement que l'évêque de Sées porte ici sur son clergé parait bien sévère ; et nous ne croyons pas qu'il faille le prendre au pied de la lettre. Les lettres ne pouvaient manquer d'être en honneur à Sées sous des prélats tels que Pierre Du Val, Louis du Moulinet, Claude de Morenne, Jean Bertaut, Jacques Suarès. Parmi les laïques qui, à leur exemple, cultivaient la poésie au temps de Louis XIII ; on peut citer Julien Riqueur, Nicolas Le Moulinet, sieur du Parc, Hugues Quéru, Marthe Cosnard, l'auteur des *Chastes Martyrs*. Parmi les ecclésiastiques nous trouvons, à la même époque, Nicolas Chrétien, sieur des Croix, curé de Champcernon, natif d'Argentan, qui fit représenter plusieurs tragédies, entr'autres celle *d'Ammon et Thamar* (1613) ; Bazire, archidiacre du Houlme, secrétaire de la Chambre ecclésiastique, qui composa des *Stances sur le trépas de M. Bertaut*, Baptiste Blondel, vicaire de Montabar, puis curé de Louviers qui orna de stances l'*Histoire ecclésiastiques du diocèse de Sais* ; de F. Marin Rouverre-Bicheteaux, religieux de l'ordre de Saint-Dominique à Argentan, dédiée à messire Camus de Pontcarré ; Jean de Meules, auquel nous devons l'*Unellographie*, poème, publié récemment par M. l'abbé Desvaux.

Il faut noter pourtant qu'en 1645, le chapitre de Sées se signala par un opposition inopportune à un arrêt du parlement de Rouen qui imposait la résidence aux curés et l'option entre la cure ou canonicat aux bénéfices.

Camus de Pontcarré signala son zèle pour la réforme des monastères en introduisant la règle de Saint-Maur à Saint-Martin de Sées et en provoquant de toutes ses forces celles de l'abbaye d'Almenèches. Il fonda lui-même quatre bourses dans le collège de Sées. L. D.

le blasme de la continuation de l'heresie. Car il est si sot qu'il croyt qu'elle sera ruinée par la venue de ces bons Pères, encores que leurs prochains voysins à Caen n'en soyent pas delivrez. Je vous ay dit mes raisons en consultant l'affaire que vous jugerez de consequence et je vous supplie de toute mon affection de m'en donner advis; car il n'y a rien encores de fait, ayant demandé temps aux habitants d'Alençon d'en communiquer avec notre Chapitre. Vous me pouvez representer des raisons au contraire qui seront plus fortes que les miennes et aussi vous m'en pouvez dire qui les favorisent, comme voyant tous les jours le monde dans lequel on peut apprendre tousjours choses nouvelles et où l'on veoyt de divers mouvements ce sentiment. Je vous supplie de tenir cest affaire entre nous deux et n'en point parler à mon frère...

Le reste de la lettre traite de sujets étrangers à la fondation du Collège d'Alençon.

Les classes s'étaient ouvertes avec un concours extraordinaire d'écoliers. Malheureusement, peu après la rentrée, un des curés de la ville réussit à réveiller, chez son évêque, des sentiments hostiles que la nécessité plutôt que l'affection avait d'abord fait taire. Le P. J. B. Saint-Jure (1), supérieur du collège, reçut tout d'un coup défense de prêcher, de confesser et de donner la sainte communion dans la chapelle et même d'y célébrer la sainte messe à certains jours de fête. Ces restrictions, contraires à la lettre et surtout à l'esprit du Concile de Trente et des Constitutions apostoliques, menaçaient de compromettre le bien qu'opérait déjà dans la ville le contact des Pères avec les habitants. Le supérieur écrivit au prélat pour lui adresser une respectueuse remontrance. Rien ne put changer sa détermination. En vain la Reine-mère, le cardinal de Richelieuet le P. Séguiran (2), alors confesseur du jeune Roi, lui firent parvenir de sages observations. Enfin, le nonce Corsini se détermina à lui envoyer, le 26 décembre 1623 la lettre suivante :

Très illustre et très honoré Seigneur,

Les vertus de Votre Seigneurie Révérendissime sont si notoires, que, bien que ne je l'aie jamais vue, je puis dire cependant que je la connais assez pour me persuader qu'elle agréera non seulement mes prières, mais encore la démarche que ma charge m'oblige de faire auprès d'elle. Je ne doute pas qu'elle ne désire s'entendre en tout et pour tout avec sa Sainteté, pour accroître la piété parmi les hommes, naturellement portés à s'abandonner aux illusions des sens, et pour maintenir la paix et la concorde parmi les ecclésiastiques. Le meilleur moyen d'obtenir le premier résultat, c'est d'inviter les fidèles à fréquenter le sacrement de pénitence et de leur aplanir autant qu'il se peut, les difficultés qu'il leur présente.

(1) Le P. J. B. Saint-Jure est une des gloires de la Compagnie de Jésus, dans laquelle il était entré en 1604, à l'âge de seize ans. Il fut remplacé comme supérieur ou directeur à Alençon en 1624, par le P. Pierre Duhameau. Il fut ensuite chargé de la direction du noviciat, devint recteur du collège d'Amiens et mourut dans un âge très avancé. L. D.

(2) Gaspard de Séguiran, confesseur et prédicateur du roi après le P. Arnoux, de 1621 à 1625 (21 décembre), époque où il fut remplacé par le P. Suffren. L. D.

C'est pourquoi les Souverains Pontifes, dans leur sagesse et après de mûres délibérations ont accordé aux Réguliers entre autres privilèges, celui d'entendre, en tout temps, les confessions de quiconque voudrait s'adresser à eux, dans l'espoir que la faculté de choisir un confesseur à qui ils pourraient avouer avec confiance les défauts de leur vie et les secrets de leur conscience, en attirerait plusieurs à la pratique de ce sacrement, qui s'en éloigneraient sans cette liberté.

Le second résultat peut s'obtenir facilement en laissant à chacun la libre jouissance des privilèges que leur a accordés l'autorité compétente, et qu'il serait injuste de méconnaître. Puisqu'il en est ainsi, je supplie votre Seigneurie Révérendissime de considérer que la détermination d'empêcher les pères Jésuites de confesser, les jours de fêtes, serait tout à fait contraire à la susdite intention de Sa Sainteté, et même à la vôtre. D'abord, en restreignant le nombre des confesseurs, Votre Seigneurie Révérendissime resteindrait ainsi la liberté des pénitents, qui ne se confesseraient pas du tout, ou qui du moins ne s'approcheraient pas du saint tribunal, ces jours-là, qu'on doit célébrer plus que les autres pour que l'édification publique. Ensuite, en refusant aux pères Jésuites l'usage de leurs privilèges, on troublerait la paix parmi les ecclésiastiques ; car, leur ayant été accordés par le Souverain Pontife, personne ne peut les réformer que ceux qui les ont accordés, et il ne saurait venir à l'idée d'un prélat aussi pieux que Votre Seigneurie Révérendissime de dire que ces privilèges n'ont aucune valeur. Les curés ne peuvent pas s'en plaindre, puisque le Vicaire de Jésus-Christ l'a voulu ainsi pour de bonnes raisons, et qu'ils ne peuvent pas exiger autre chose sinon que, le jour de la fête de Pâques, on aille (pour la communion paschale) à leur église, où d'ailleurs il leur serait impossible d'entendre la multitude des pénitents ; et si, pour y suffire, ils recouraient à des auxiliaires, ne serait-il pas absurde qu'un curé put donner une telle faculté et que le Souverain Pontife n'eût pas le droit de l'accorder ?

L'année passée, l'archevêque de Paris voulut faire la même chose pour la solennité de Pâques, et quoique cette mesure ne fût que pour une seule fois dans l'année et pour la capitale de la France, Sa Sainteté la désapprouva. Nous pouvons donc croire, à plus forte raison, que le Saint-Père désapprouvera ce qui se passe si souvent, pendant l'année, dans la petite ville d'Alençon.

Que Votre Seigneurie Révérendissime considère donc mûrement le dommage qu'apporterait son exemple, et je suis sûr qu'elle ne voudra pas qu'une si petite ville influe sur un si vaste royaume, et pour cela, comme pour les autres raisons alléguées ci-dessus, elle se décidera plutôt à laisser aux Pères Jésuites l'usage de leurs privilèges, qu'à méconnaître l'intention de Sa Sainteté et je n'aurai plus qu'à remercier Votre Seigneurie Révérendissime, à laquelle je désire que Dieu accorde toute sorte de bonheur. De Paris, le 26 décembre 1623. De Votre Seigneurie Illustrissime et Révérendissime le serviteur très affectionné.

A. ARCHEVÊQUE DE TARSE (1).

Au lieu de se ranger à un avis bien sage et si modéré dans la forme, Jacques Camus, résolut de continuer la lutte et c'est dans ce sens qu'il s'adresse à son cher cousin, Pierre Dupuy.

(1) Traduction littérale imprimée dans : Le P. J. M. Prat. *Recherches historiques et artistiques sur l'histoire de la Compagnie de Jésus en France au temps du P. Coton.* Lyon, Briday, 1876. T. IV, pp. 657-660. L'original italien se trouve à la Bibliothèque nationale, Fonds Dupuy, . t. XXXIV, fol. 54.

Monsieur,

J'apprens par toutes les lettres de mon frère que vous estes tousjours en grande peine de votre œil, et qu'ainsi vous n'escrivez qu'avec difficulté. C'est ce qui me retient de vous donner plus souvent de mes lettres. Elles sont assez frequentes pour vous, mais il faut que je vous advoue que je n'ay rien de plus doux que de vous entretenir. Je le fay, cette foys cy, par forme de consultation et puisque vous estes plus sedentaire que jamais, vous recevrez plus convenablement mes propositions que je vous escriray pour en avoir votre advis, estant celuy seul à qui je consigne tout ce que j'ay de plus particulier et de plus important, appuyé que je suis sur votre amitié et sur la bonté de votre jugement. Je ne vous avoys point mandé que j'avois receu des lettres de la Royne mère, de monsieur le Cardinal de Richelieu et du Père Seguiran, en faveur des Jesuites, comme ils s'estoient grandement esmeus de mes instructions, qu'ils avoient employé monsieur de Breteuille (1), par l'entremise de monsieur l'archevesque de Rouen, pour m'en escrire plusieurs foys et essayer de les lever. Je ne vous avois pas voulu importuner de ces discours. Mais ces jours-cy, ayant receu, par la voye de mes Jesuites d'Alençon, une lettre du nonce, qui est pourtant du moys de decembre, j'ay estimé que je vous la devois envoyer, affin d'avoir vostre advis, si j'y devois respondre. J'ai receu les autres, comme lettres de recommandation et ausquelles, d'ordinaire, il n'y a point de response. A celle-cy je n'y en ay pas voulu faire que premierement je n'en eusse communiqué avec vous. Les difficultés que j'y fay, je vous les diray. Que je seray bien aise de ne point rendre aucun compte de cet affaire au nonce qui n'est point en France pour se mesler de nos affaires ; que, comme les Jesuites sont artificieux, ils se prevaudroient peut estre de ma lettre, et en interpreteroient quelque chose contre mon sens, bien que je la fisse soigneusement, et avec grand esgard ; que l'on peut toujours pretendre n'avoir point receu de telles lettres, comme aussi celle cy me fut envoyée, le jour de la Purification, par un gentilhomme de mes amys qui m'apporta aussi une lettre d'un Jesuite d'Alençon qui me mandoit l'avoir reçue et qu'il ne sçavoit de quelle part elle m'estoit escrite. Notez cette reticence. Auparavant, j'avois esté advertu qu'elle estoit chez les Pères et ne m'en estois pas beaucoup soucié. J'adjouste qu'une response attire une replique qui peut estre seroit couchée en tels termes qu'ils ne me plaieroient pas et je seray bien aise de demeurer en estat de n'estre point offensé, comme aussy je ne desirerois rien dire ny faire qui donnast mescontentement. Les raisons qui me porteroient à respondre seroient celles-cy. Que le nonce m'ayant escrit assez honestement et estant personne qui n'escrit pas d'ordinaire des lettres de recommandation, il pourroit peut estre trouver mauvais, si je ne lui faisois point de responce. Que si lui il oublieoit m'avoir escrit, les PP. l'en feroient souvenir, comme sans doute, ils lui ont donné la substance de ces lettres, car tout ce qui y est m'a esté escrit mot à mot par le P. Seguiran : que peut estre le nonce attribueroit à peu de civilité et à dureté si je demeurrois sans luy escrire et s'en pourroit plaindre à nos Evesques. Or, monsieur, je balance ces raisons de part et d'autre, de telle façon que je n'en ai point de jugement preocccupé ny pour les unes ny pour les autres et ainsi je vous supplie par l'affection que vous me portez de m'en dire librement vostre advis.

Je vous mettray aussi ce que je trouve à redire en la lettre et en quoy, ce me semble, il fait non seulement le nonce mais le legat. Et si l'on n'y prend garde, doresnavant ces bons

(1) Breteuille, ou plutôt Bretteville. L. D.

seigneurs s'en fairont croire et voudront gouverner les affaires de la religion en France, comme vous en avez desjà veu quelques exemples. Et ils ont mis les mains aussy aux affaires d'Estat. Ce qui est marqué par une ligne c'est ce que je n'approuve pas tant. En somme, je suivray ce que vous m'ordonnerez et à tout prendre, cette lettre ne me donne pas beaucoup de peine, mais je voudray tousjours faire ce qui sera non seulement honeste et de devoir, mais aussy de bienseance et de plus grand respect. Voylà desjà des effects de vos propheties que vous m'avez données à temps, mais nous sommes en une saison en laquelle on n'en peut proffiter, tant les peuples vont aveuglement à la nouveauté, et à la nouveauté tousjours la plus fade et la plus insipide. Je m'entretien quelquesfois par cette consideration. J'estime que jamais siècle ne fut plus infatué (c'est le mot à mon advis plus considerable) que celuy cy. Je le dys pour les personnes de toute sorte de conditions et ce que nous avons autrefois appellé pedant, et qui l'estoit, est maintenant passé en cette pire qualité.

Je vous veux dire ensuitte des P. P., que dernièrement à Alençon, il se plaida devant le bailly une plaisante cause. Un Jesuite provençal (c'est un humeur peu convenable à la Normande), fit une gageure avec ung jeune advocat huguenot sur ce point, qui n'est point pourtant controversé entre eux et nous, qu'il n'y avoit point de peché qui ne fut remissible, mesme celuy qui est contre le St-Esprit ; le huguenot soustenoit le contraire. Les conditions de la gageure furent que le Jesuite promist de se faire huguenot, si on luy preuvoit le contraire de son assertion ; le huguenot promist de se faire catholique à la mesme condition. La proposition fut escrite et les termes de la gageure. Il se passa quelques moys sans conference et ils ne se peurent veoir comme ils avoient proposé. Notre commissaire pour le reglement des tailles vint à Allençon ; nos catholiques qui sont aussy estourdis que les huguenots sont actieux, apprestèrent cette cause pour la faire plaider devant luy, ayant promis de venir au Palais, et ayant fait assigner l'advocat huguenot, au nom des Jesuites, pour veoir dire qu'il prendroit jour de conference ou qu'il rapporteroit l'escrit de la proposition et de la gageure. Le commissaire n'y voulant pas aller, comme il sceut que cette cause se devoit plaider, s'en mocqua cruellement. Elle fut pourtant appellée et les advocats des deux parties plaidèrent. L'advocat du Roy, plus sage qu'eux, requit que desfenses seoyent faittes aux parties de faire conferer sur les points de religion, comme chose contraire aux edits de pacification, etc. Le juge qui est huguenot, ce qui est à noter (j'entends le lieutenant particulier du bailly, et la plus part du siège, et nos P. P. ne veulent pas seulement recognoistre le Parlement au fait de leze majesté), ordonna selon les conclusions et renvoya les parties hors de cause et de procès. Voyez si telles gens n'ont point besoing de conduitte, et si ceux qui cognoissent les humeurs des pays ne leur peuvent point donner de meilleurs conseils que ceux qu'ils prennent de leur teste ou des plus fols des villes, pour le plus souvent.... Il faut pourtant que je vous dise une autre folie que j'ay empeschée jusques à cette heure, pour vous monstrer que nous ne manquons pas icy d'exercice et que, dans nos petites villes plus que dans les grandes. Nos moynes qui y viennent prescher l'advent et le caresme y pensent venir avec pleine auctorité et pour faire partout egalement ce que leur dicte leur fantaisie, ne prenant pas garde que ce qui est bon en Provence et Languedoc ou Guienne, en Somme, de là la Loire, où le bonhomme de jugement ne fut jamais, comme vous m'avez appris, n'est pas bon de ça, et parmi des gens qui ont plus de phlegme. Le gardien de nos Capucins d'Alençon, qui d'ailleurs est assez brave homme et bon religieux, a promis en chaire d'aller au presche, d'entendre tout le presche du ministre et monsté apprès dans sa chaire, de refuter tout ce qu'il dira.

A cela il convia toute son assistance. Il scent depuis que je trouvois fort estrange sa resolution. Il me revint treuver dernièrement à Lonrey pour me la dire et en avoir mon advis. Je persistay à luy dire quelle estoit contre la religion et l'estat, que cette action pouvoit esmouvoir un grand trouble. Je ne le viz pas tout à fait desmeu de sa première opinion. Neanmoins il me promist de n'en rien faire, mais me pria de considérer qu'il estoit engagé. Aujourd'huy on m'a dit qu'il est persuadé par les fols catholiques d'executer sa promesse. Voilà où nous en sommes et comme les moynes nous gouverneroient, si nous les laissions faire ! Pour moy, je vous diray franchement, ou je me resoudray de ne point resider, ou quand je resideray, je les fairay tenir dans l'ordre et ne leur en pardonneray pas une. J'oubliois de vous dire que M. de Bretcuille tout froidement m'a escrit que le P. Seguiran l'avait encore prié de faire en sorte que je levasse mes restrictions. Je vous les ay envoyées et si j'osois, je vous prierois de les envoyer communiquer à monsieur Filesac (1), par mon grand cousin, son frère, qui luy diroit que je luy escrirois au premier voyage, mais que je serois bien aise de scavoir son advis sur icelles et si je ne puis pas reformer toutes ces festes là, encore qu'il n'en soit pas parlé dans le chapitre ancien : *Omnes utriusque sexus*. . . . .
. . . . que je suis, monsieur,

Votre plus humble et affectionné cousin et serviteur,

JACQUES, evesque de Sais (2).

Non content d'avoir déchargé son cœur avec son cher confident, l'évêque de Sées publia un mandement, par lequel il excommuniait ses diocésains, s'ils avaient la hardiesse de se confesser hors de l'église paroissiale ou sans la permission de leurs curés. Les Jésuites n'avaient qu'à courber la tête en silence. Mais leurs nombreux amis ne se firent pas faute de se plaindre à haute voix et leurs réclamations finirent par être entendues, d'autant plus que, par une singulière condition des choses, une partie de la ville se moquait impunément des foudres de Jacques Camus. En effet, les habitants du faubourg de Montsort n'appartenant pas à sa juridiction et dépendant du diocèse du Mans, la chapelle du collège leur demeurait ouverte comme les confessionnaux, au grand déplaisir des rares partisans de l'interdit. Un premier adoucissement au mandement fut accordé sur l'instance des autres habitants de la ville, et ils purent s'adresser à la chapelle du collège pour y faire leurs confessions. Mais la veille et le jour des quatre grandes fêtes de l'année, les Pères étaient tenus ou à s'abstenir d'administrer chez eux le sacrement de Pénitence, ou à se transporter dans les églises des diverses paroisses.

Sur ces entrefaites, le Père Cotton (3) ayant été nommé provincial de France, en 1625, fit vers le milieu du mois d'août, la visite d'Alençon. Comme le fait justement

(1) Jean Filesac, doyen de la faculté de théologie de Paris, mort en 1638, adversaire des Jésuites. Il avait publié en 1621 un recueil de ces principaux ouvrages, parmi lesquels on remarque un traité de *l'Autorité sacrée des évêques*. L. D.

(2) Bibliothèque nationale, Paris. Fonds Dupuy, p. 779, folio 179.

(3) Le P. Cotton, fut, comme on sait, confesseur d'Henri IV, puis de Louis XIII, jusqu'à l'époque où il fut remplacé par le P. Arnoux. Il mourut à Paris le 13 Mars 1626. L. D.

observer le P. J.-M. Prat (1), peu de religieux auraient pu concevoir pour les évêques et donner extérieurement à l'autorité épiscopale de plus hauts témoignages de respect et d'obéissance. Après avoir mûrement examiné l'affaire, il résolut d'écrire à Monseigneur Camus une lettre où il lui exposait, dans les termes de la plus grande déférence, les raisons sérieuses pour lesquelles les religieux, ses inférieurs, n'étaient, en aucune façon, obligés de se conformer à des prescriptions, si opposées au droit reconnu par l'Eglise et concédé par le Saint-Siège. Sans parler du caractère d'innovation dont elles étaient entachées, ni de l'injure faite aux Pères du collège, il y avait à signaler de graves inconvénients :

Les fidèles pouvaient avoir des doutes sur la validité de confessions faites en dehors de leur propre paroisse, à l'occasion des grandes fêtes.

Le Concile de Trente avait voulu donner aux fidèles plus de latitude pour l'accomplissement de leurs devoirs.

Le Saint-Siège poursuivait cette ligne de conduite, en accordant aux ordres religieux des pouvoirs et des privilèges. Il désirait voir, grâce à l'emploi d'auxiliaires, une véritable abondance de confesseurs, pour venir en aide au clergé paroissial, trop souvent empêché par le nombre et la diversité de ses fonctions ou de ses charges.

Le P. Cotton terminait par un appel à la piété et à la prudence du prélat, mais après lui avoir nettement déclaré qu'il se croyait obligé en conscience à déférer à Rome l'examen de cette affaire, dans laquelle ses inférieurs ne pouvaient renoncer, sans une autorisation formelle du pape, aux privilèges accordés par son autorité souveraine. Pour l'obligation d'aller entendre les confessions dans les diverses paroisses, à la veille et au jour des quatre grandes fêtes, il suffirait de demander au général de l'ordre s'il approuverait une manière de faire tout à fait insolite.

« Nous visons tous à un même but, qui est la plus grande gloire de Dieu et le salut des âmes. Votre piété et prudence singulière, Monseigneur, n'aura garde de permettre que Messieurs les Curés et nous, nous empeschions l'un et l'autre ».

A la suite de cette visite, le P. Mutio Vitelleschi répondit de Rome, le 20 octobre, au P. J.-B. Saint-Jure qui n'était pas encore remplacé par le P. du Hameau (2), en lui recommandant d'éviter tout ce qui pourrait donner offense à l'évêque : *ne ullam nostri ansam offensionis præbeant*. Le même jour, il accusait réception au P. Provincial du duplicata de sa lettre à Monseigneur l'évêque de Sées, et lui disait d'attendre la réponse du prélat, pour savoir comment on s'y prendrait,

(1) Cf. *Recherches historiques et critiques sur la compagnie de Jésus en France du temps du P. Cotton*. Lyon. Briday. MDCCCLXXVI. t. IV. p. 661.

(2) Le P. du Hameau fut supérieur du collège d'Alençon de 1626 à 1628; il fut remplacé par le P. Gandillon. L. D.

afin de ne pas laisser porter atteinte aux privilèges accordés par les Souverains-Pontifes.

Les choses paraissent s'être calmées dans le courant de l'année 1626. D'une part, la publication, sous le voile d'un pseudonyme, du traité composé par le P. Etienne Binet, sur la hiérarchie de l'Eglise et la juste défense des privilégiés et des religieux (1) avait commencé à éclairer en France tous les esprits cultivés.

D'autre part, l'échec de l'Assemblée du clergé, en 1625-26, et la déconvenue de l'évêque de Langres qui avait eu l'audace de rédiger et de faire imprimer une *Déclaration* attentatoire aux droits du Souverain-Pontife avait jeté du froid dans le rang des évêques hostiles aux ordres religieux. Enfin, l'attitude du cardinal de la Rochefoucauld et l'Assemblée qu'il convoqua à l'abbaye de Sainte-Geneviève achevèrent la déroute, et pour détruire toute tentative ultérieure, le cardinal de Richelieu engagea le Roi à évoquer la connaissance de cette affaire. Cette dernière décision coupa court à tout le tumulte.

Pendant qu'une autre tempête allait se déchaîner avec fureur contre la Compagnie de Jésus, l'évêque de Séez honora de sa présence le collège d'Alençon et y fut reçu avec honneur. Le lendemain, il y revint pour administrer le sacrement de Confirmation. A partir de ce jour, les confessions entendues dans la modeste chapelle deviennent fort nombreuses et, en 1627, la Dominicale à l'église Notre-Dame fut confiée à l'un des Pères du Collège, d'abord pour les *Avents et le Carême* et plus tard, pour tous les dimanches de l'année.

Cette première difficulté surmontée, les Jésuites qui s'étaient engagés à ne solliciter aucun secours de la ville en dehors de la rente de fondation, ne paraissent pas en avoir demandé pour se maintenir ou se développer. Le revenu de 1,750 livres fut porté à 2,150 par la dotation royale. C'était une maigre portion pour nourrir de 12 à 15 religieux pendant de nombreuses années. Un peu plus tard, soit par l'élévation des prix de toutes choses, ou la diminution du pouvoir de l'argent, il fut nécessaire de se procurer des rentes plus élevées. Somme toute, le revenu ne cessa d'être des plus modestes, jusqu'au moment de la suppression.

Le revenu net de la fondation et des augmentations successives du capital ne devait donc, en dehors des dons et recettes extraordinaires, pour les cinquante-neuf années où le registre en indique l'importance, donner plus de 220,827 l. 14 s. 8 d. ce qui fait une moyenne de 3,742 l. 16 s. 9 d.

Pendant 21 ans, la dépense de bouche a été de 95,540 livres, 17 sols, 11 deniers, soit par an 3,081 l. 19 s. 3 d.

La dépense de vêtement a été de 7,854 l. 15 s. pendant 12 ans, ce qui donnerait 654 l. 7 s. 3 d. par an. Mais pendant les six ans, où elle n'est pas

(1) *Response aux demandes d'un grand prélat, touchant la hiérarchie de l'Eglise, et la juste défense des privilégiés et des religieux....* Par François de Frontraine. Nancy. Jacques Garnich, 1625. In 8°, p. 109. Frontraine est le pseudonime de Binet. — Voir sur le P. Binet *les Provinciales de Pascal.*

distincte de la dépense totale en choses nécessaires, on ne peut l'évaluer à plus de 243 l. 18 s. 5 d.

En effet, sans le vêtement, la moyenne des dépenses en choses nécessaires n'a été que 28,237 l. 4 s. 11 d. en 12 ans, soit : 2,353 l. 2 s. 1 d. par an. Avec le vêtement, elle a été de 15,576 l. 3 s. 4 d. en 6 ans, soit 2,596 l. 0 s. 6 d., ce qui donne pour la dépense en vêtement pendant ces six ans, 243 l. 18 s. 5 d. par an. Car cette dépense en vêtement doit être une moyenne des deux chiffres 654 l. 7 s. 3 d. et de 243 l. 18 s. 5 d., c'est-à-dire 449 l. 2 s. 10 d.

D'autre part, les 2,596 l. 0 s. 6 d., comprenant cette dépense moyenne de 449 l. 2 s. 10 d. pour le vêtement, la différence s'abaisse, *pour le reste*, à 2,146 l. 17 s. 8 d.

Par suite, en prenant une moyenne entre 2,353 l. 2 s. 1 d., dépense moyenne pour choses nécessaires (pendant les 12 ans où la dépense de vêtement est marquée à part) et 2,140 l. 17 s. 8 d. (pendant les six ans où la dépense du vêtement n'est pas marquée à part), on a une dépense moyenne de 2,249 l. 14 s. 10 d. pour tout le nécessaire, non compris le vêtement.

En résumé :

La dépense moyenne en provision de bouche a été de.	3081 l. 19 s. 3 d.
La dépense en vêtements........................	449 l. 2 s. 10 d.
La dépense nécessaire sans le vêtement...........	2249 l. 14 s. 10 d.
Total..	5780 l. 16 s. 11 d.
Le revenu net annuel étant......................	3742 l. 16 s. 9 d.
Il y a une insuffisance annuelle de................	2038 l. 02 d.

Par conséquent, pour équilibrer la recette et la dépense, il fallait trouver, chaque année, 2,038 livres d'aumônes, et si elles ne s'élevaient pas à ce chiffre, il était nécessaire, soit de contracter des dettes avec des fournisseurs complaisants, soit d'emprunter pour solder les plus pressés et en fin de compte, s'adresser à la charité, sous peine d'entamer le capital et de diminuer un revenu déjà assez maigre.

Ainsi, à moins de trouver la moindre extravagance dans la dépense des Jésuites, auxquels aucun ennemi n'a jamais reproché d'avoir fait bonne chère ou d'avoir donné dans le luxe des vêtements précieux ou d'un riche mobilier, on est bien obligé de conclure, chiffres en main, que les ressources fournies par ce qu'on est convenu d'appeler les ruineuses richesses des Jésuites ne pouvaient couvrir une dépense des plus modestes.

ALENÇON. — IMPRIMERIE A. HERPIN

www.ingramcontent.com/pod-product-compliance
Ingram Content Group UK Ltd.
Pitfield, Milton Keynes, MK11 3LW, UK
UKHW021019220726
13924UKWH00001B/73